18 RUNDE SACHEN

34 KNÖDEL VON WELT

48 SÜSSES HAPPY END

EINE KUGEL MACHT KARRIERE

Vom Steinzeitproviant zum alpenländischen Nationalgericht: Der Knödel hat im Laufe seiner langen Geschichte viele Herzen erobert. Er ist eben ein Evergreen.

Das Knödeluniversum liegt im Herzen Europas. Es erstreckt sich von Thüringen über Bayern, Böhmen und Österreich bis nach Südtirol. Im Knödeluniversum gilt die kugelige Speise als Inbegriff von Heimat und Tradition: Es gibt Knödelfeste, Knödelwettbewerbe, sogar einen Knödelmarathon und mehr Knödelrezepte als man zählen kann.

DER HIMMLISCHE LECKERBISSEN

Um alle Traditionsgerichte ranken sich Entstehungslegenden, und natürlich wird auch über die Herkunft des Knödels viel erzählt. Mal soll er im Südtiroler Glurns, mal in Hall in Tirol das Licht der Welt erblickt haben – zu beweisen ist das nicht. Die wissenschaftliche Spurensuche führt aber tatsächlich in den Alpenraum. Archäologische Funde weisen darauf hin, dass schon um 3600 v. Chr. Getreidebreireste zu Klumpen gepresst und im Feuer gebacken wurden – ein idealer Jagdproviant für Steinzeitmenschen. Schriftliche Hinweise auf die rund geformte Speise finden sich aber erst in mittelalterlichen Klosterschriften. Die erste Abbildung kann man in der Burgkapelle Hocheppan in Südtirol bewundern. Dort zeigt ein Fresko aus dem 13. Jahrhundert Szenen aus dem Leben Jesu, darunter auch Maria im Wochenbett. Eine kniende Frau bereitet für die Gottesmutter eine Pfanne voller Knödel zu – und steckt sich erst einmal selber einen davon genüsslich in den Mund. Die Botschaft der »Knödelesserin«: Wenn sogar die Mutter Gottes Knödel isst, müssen sie einfach himmlisch gut schmecken.

BÄUERLICHE RESTEKÜCHE

Was Klosterbrüdern und Burgherren mundete, wollten auch die Bauern probieren. Nun machte der Knödel so richtig Karriere. Denn er war vor allem eins: die perfekte Resteverwertung. Alles, was vom Essen übrig blieb und keinesfalls verschwendet werden durfte, wurde zerkleinert und zu Kugeln gedreht. Meist war es nur altbackenes Brot, in besseren Zeiten aber wurde der Teig mit allem verfeinert, was der Hof hergab: Milch, Butter, Eier, Käse, Gemüse und Speck. Der Brotknödel in unzähligen Variationen wurde zum Aushängeschild der Alpenküche und ist es bis heute.

ALS DER KLOSS INS ROLLEN KAM

Während sich im Süden des Knödeluniversums alles um den Knödel aus Brot dreht, schwört man in den nördlichen Regionen auf die Kugel aus Kartoffelteig. Die anspruchslose Kartoffelknolle, die erst im 16. Jahrhundert aus Südamerika importiert worden war, hatte in kurzer Zeit die Ernährung in Europa umgekrempelt. Sie wuchs dort, wo nichts anderes gedeihen wollte, und sie machte satt. Vor allem in den kargen Landstrichen Thüringens, Frankens und der Oberpfalz bauten die bitterarmen Bauern nun massenweise Kartoffeln an – und ihre Frauen erfanden neue Rezepte dafür. Eines davon war der runde Magenfüller aus roh geriebenen Kartoffeln, den man nach dem althochdeutschen Wort »kloz« für Klumpen oder Knolle benannte. Der Kloß wurde zur unangefochtenen Leibspeise von Thüringern und Franken, die sich ein Leben ohne »Glöß« bald gar nicht mehr vorstellen konnten.

ALLE LIEBEN'S RUND

Spätestens im 19. Jahrhundert hatten Klöße und Knödel auch die bürgerlichen Küchen erobert. In den aufstrebenden Städten wie München und Wien liebte man sie vor allem als Beilage zu üppigen Fleischgerichten. Weil Zucker durch den technischen Fortschritt bezahlbar geworden war, gesellten sich zu den herzhaften Bauernrezepten auch immer mehr süße Knödelkreationen – Top-

fenknödel, Grießknödel, Fruchtknödel, Germknödel. Bis heute können wir uns aus dem großen Rezeptschatz der historischen Knödelküche bedienen und gabeln so mit jedem Stück Knödel auch ein Stückchen Tradition mit auf. Von gestern ist die köstliche Kugel deshalb noch lange nicht. Im Gegenteil: Sie ist nach wie vor so anpassungsfähig, dass sie alle kulinarischen Moden locker wegsteckt. Im Knödeluniversum ist eben für alles Platz: für die Vergangenheit und für die Zukunft.

KARTOFFELKNÖDEL

800 g mehligkochende Kartoffeln | Salz | 1 altbackenes Brötchen | 2 EL Butter | je 60–80 g Mehl und Speisestärke | 1 Ei | frisch geriebene Muskatnuss

Für 8 Knödel | 1 Std. Zubereitung | Pro Portion ca. 170 kcal, 4 g EW, 3 g F, 31 g KH

1 Die Kartoffeln in Salzwasser in 20 – 25 Min. weich garen. Abgießen, pellen und durch die Kartoffelpresse drücken.

2 Das Brötchen klein würfeln. In einer Pfanne in der zerlassenen Butter knusprig rösten, dabei die Pfanne ab und zu rütteln.

3 Mehl und Speisestärke mischen. Zwei Drittel der Mischung und 1½ TL Salz locker mit den Kartoffeln »zerbröseln«.

4 Das verquirlte Ei unter den Kartoffelteig mischen. Den Teig mit so viel Mehlmischung verkneten, bis er glatt ist. Mit Salz und Muskatnuss würzen.

5 Den Teig zu einer Rolle formen, in 8 Stücke schneiden. Flach drücken, jeweils ein paar Brotwürfel daraufgeben, verschließen und zu glatten Knödeln rollen.

6 Die Kartoffelknödel in kochendes Salzwasser geben und aufkochen lassen. Halb zugedeckt in ca. 20 Min. gar sieden (nicht kochen) lassen.

SEMMELKNÖDEL

400 g altbackene Brötchen oder Weißbrot | 350 ml Milch | 1 Zwiebel | 2 EL Butter | ½ Bund gehackte Petersilie | 3 Eier | Salz | Pfeffer | frisch geriebene Muskatnuss

Für 8 Knödel | 1 Std. Zubereitung | Pro Portion ca. 215 kcal, 8 g EW, 7 g F, 30 g KH

1 Brötchen in dünne Scheiben schneiden oder klein würfeln. Heiße Milch darübergeben und zugedeckt 20 Min. ziehen lassen.

2 Zwiebel schälen, fein würfeln und in der Butter in ca. 5 Min. weich dünsten. Petersilie kurz mitdünsten. Abkühlen lassen.

3 Brötchen-, Zwiebelmischung, Eier und 1 TL Salz vermischen. Mit Pfeffer und Muskatnuss würzen. 5–10 Min. ruhen lassen.

4 Mit nassen Händen vom Semmelteig 8 gleich große Portionen abnehmen, zwischen den Händen zu Knödeln rollen und auf eine kalt abgespülte Platte legen.

5 Die Semmelknödel in kochendes Salzwasser geben und aufkochen lassen. Halb zugedeckt in ca. 20 Min. gar sieden (nicht kochen) lassen.

TIPP

Wenn Sie ganz sichergehen wollen, dass die Knödel beim Kochen in Form bleiben, garen Sie vorab einen kleinen Testknödel. Sollte dieser zerfallen, mischen Sie unter den Semmelteig etwas mehr Mehl, unter den Kartoffelteig etwas mehr Speisestärke oder Grieß.

HEISSE LIEBE

Wenn Klößchen, Nockerl & Co. in einer dampfenden Brühe schwimmen,
werden selbst eingefleischte Suppenkasper gerne mal schwach.
Und alle anderen sind sowieso restlos begeistert. Da wird nicht lange gefackelt,
und es heißt: An die Löffel, fertig, los!

SPECKKNÖDEL

Man kann die würzigen Knödel natürlich mit Gemüse oder Salat servieren –
mir schmecken sie aber am besten in einer herzhaften Fleischbrühe.

Für die Fleischbrühe:
1 Zwiebel
1 Bund Suppengemüse
1 kg Rinderknochen
(am besten Markknochen)
1 kg Suppenfleisch vom Rind
(z. B. Brust oder Schulter)
2 Lorbeerblätter
6 Pimentkörner
je 1 TL schwarze Pfefferkörner
und Wacholderbeeren
Salz | Pfeffer
frisch geriebene Muskatnuss
Für die Speckknödel:
250 g altbackene Brötchen
oder Weißbrot
200 ml Milch
100 g durchwachsener Speck
1 kleine Zwiebel
1 EL Öl
2 EL gehackte Petersilie
Salz | 2 Eier | Pfeffer
1–2 EL Schnittlauchröllchen

Rustikale Landküche

Für 4 Personen |
1 Std. Zubereitung
Pro Portion ca. 1110 kcal,
56 g EW, 82 g F, 39 g KH

1 Für die Fleischbrühe die Zwiebel mit Schale halbieren und die Schnittflächen in einer Pfanne ohne Fett dunkelbraun anrösten. Suppengemüse putzen, waschen oder schälen und in Würfel schneiden. Knochen kalt abbrausen und mit dem Fleisch in einen großen Topf geben. Zwiebel, Gemüse, Lorbeerblätter, Piment-, Pfefferkörner und Wacholderbeeren hinzufügen. So viel kaltes Wasser angießen, dass alles gut bedeckt ist. Die Brühe halb zugedeckt bei schwacher Hitze ca. 2 Std. köcheln lassen, dabei immer wieder den aufsteigenden Schaum abschöpfen.

2 Für die Speckknödel die Brötchen in dünne Scheiben schneiden und in eine Schüssel geben. Die Milch erhitzen und darübertäufeln, mischen und zugedeckt 20 Min. ziehen lassen.

3 Inzwischen den Speck fein würfeln. Die Zwiebel schälen und fein würfeln. Das Öl in einer Pfanne erhitzen und den Speck darin ca. 5 Min. braten. Die Zwiebel dazugeben und in ca. 5 Min. weich dünsten. Die Petersilie kurz mitdünsten. Etwas abkühlen lassen.

4 In einem weiten Topf reichlich Salzwasser zum Kochen bringen. Die Eier verquirlen und samt Speckmischung mit den Händen unter die Brötchen mischen, dabei die Masse immer wieder leicht zusammendrücken. Den Knödelteig mit Salz und Pfeffer würzen. Mit nassen Händen pflaumengroße Teigportionen abnehmen und zu kleinen Knödeln rollen. Ins kochende Wasser geben und halb zugedeckt in ca. 15 Min. gar sieden (nicht kochen) lassen.

5 Die Brühe durch ein Sieb gießen (Fleisch anderweitig verwenden) und mit Salz, Pfeffer und Muskatnuss würzen. Die Speckknödel in der Brühe anrichten und mit Schnittlauch bestreuen.

LEBERKNÖDEL

250 g Rinderleber | 1 kleine Zwiebel | 80 g weiche Butter | 2 EL gehackte Petersilie | ½ TL getrockneter Majoran | 2 zimmerwarme Eier | ½ TL abgeriebene Bio-Zitronenschale | 90 g Semmelbrösel | Salz | Pfeffer | frisch geriebene Muskatnuss | 1 l kräftige Fleischbrühe (siehe S. 10) | ½ Bund Schnittlauch

Traditionsrezept

Für 4 Personen | 40 Min. Zubereitung | 30 Min. Kühlen
Pro Portion ca. 210 kcal, 16 g EW, 13 g F, 5 g KH

1 Die Leber kalt abbrausen und trocken tupfen, würfeln und mit dem Stabmixer pürieren. Zwiebel schälen und fein würfeln. In einer Pfanne 2 EL Butter zerlassen und die Zwiebel darin in 5 – 10 Min. weich dünsten. Petersilie kurz mitdünsten, Majoran unterrühren und die Mischung abkühlen lassen.

2 Die restliche Butter schaumig rühren. Leber, Eier, Petersilienmischung und Zitronenschale unterrühren. Semmelbrösel und ½ TL Salz untermischen. Die Leberfarce mit Pfeffer und Muskatnuss würzen und ca. 30 Min. kühl stellen.

3 Die Brühe aufkochen und eine kleine Probiermenge von der Farce hineingeben, einige Minuten gar ziehen lassen und kosten. Die Farce, falls nötig, nachwürzen. Dann mit einem Esslöffel gleichmäßige Portionen abnehmen und mit nassen Händen zu kleinen Knödeln formen. Die Knödel in die kochende Brühe geben und offen in ca. 15 Min. gar sieden (nicht kochen) lassen.

4 Den Schnittlauch waschen und trocken schütteln, in Röllchen schneiden und vor dem Servieren über die Leberknödelsuppe streuen.

GRIESSNOCKERL

1 zimmerwarmes Ei | ca. 50 g weiche Butter | ca. 100 g Hartweizengrieß | Salz | Pfeffer | frisch geriebene Muskatnuss | Öl zum Bestreichen

Gelingen ganz leicht 🌿

Für 4 Personen | 25 Min. Zubereitung |
30 Min. Kühlen
Pro Portion ca. 670 kcal, 52 g EW, 44 g F, 18 g KH

1 Das Ei aufschlagen, wiegen und leicht verquirlen. Die gleiche Menge Butter (z. B. 50 g Ei = 50 g Butter) mit dem Schneebesen schaumig rühren und das Ei unterrühren. Die doppelte Menge Grieß (z. B. 50 g Ei = 100 g Grieß) unterrühren und die Masse mit Salz, Pfeffer und Muskatnuss kräftig würzen. 20 Min. kühl stellen.

2 Einen Teller dünn mit Öl bestreichen. Aus der Grießmasse mit zwei Teelöffeln längliche Klößchen (Nockerl) formen (dabei die Löffel immer wieder in heißes Wasser tauchen) und auf den Teller legen. Die Nockerl 10 Min. kühl stellen.

3 In einem großen Topf reichlich Salzwasser aufkochen. Die Nockerl hineingeben, aufkochen und halb zugedeckt in 15 – 20 Min. gar sieden (nicht kochen) lassen. Die Nockerl mit dem Schaumlöffel herausheben und nach Belieben in heißer Brühe oder Tomatensuppe (siehe S. 15) servieren und mit Schnittlauch bestreuen.

TIPP

Für kräuterfrische Nockerl einfach 1 – 2 EL gehackte Kräuter wie Schnittlauch, Petersilie oder Kerbel unter den Grießteig mischen. Statt zu Nockerln können Sie den Teig mit nassen Händen auch zu Mini-Klößchen formen.

POLENTA-BASILIKUM-NOCKEN

Hier machen Grießklößchen mal ein bisschen auf Italienisch. Da darf Parmesan
natürlich nicht fehlen – schmeckt ja auch köstlich!

¼ l Milch
Salz
frisch geriebene Muskatnuss
60 g Butter
90 g Maisgrieß (Polentagrieß)
1 Handvoll Basilikum-
blätter (10 – 15 g)
1 Ei
20 g geriebener Parmesan
Pfeffer

Grün und gut 🍃

Für 4 Personen |
40 Min. Zubereitung |
2 Std. Ruhen
Pro Portion ca. 270 kcal,
10 g EW, 20 g F, 20 g KH

1 Die Milch mit ½ TL Salz, Muskatnuss und der Butter in einen Topf geben und aufkochen. Unter ständigem Rühren mit dem Schneebesen den Grieß einrieseln lassen. Mit dem Kochlöffel weiterrühren und den Grieß bei schwacher Hitze 2 – 3 Min. köcheln lassen, bis die Masse glänzt und sich als Kloß vom Topfboden löst. Den Brei in eine Schüssel geben und kurz abkühlen lassen.

2 Inzwischen die Basilikumblätter abbrausen, trocken schütteln und grob hacken. Basilikum und Ei mit dem Stabmixer fein pürieren. Das Püree gründlich unter den Polentabrei rühren, dann den Parmesan untermischen. Die Polentamasse mit Salz und Pfeffer würzen und ca. 2 Std. kühl stellen.

3 In einem großen Topf reichlich Salzwasser zum Kochen bringen. Von der Polentamasse mit einem Teelöffel kleine Portionen abnehmen (dabei den Löffel immer wieder in heißes Wasser tauchen) und diese mit nassen Händen zu runden Klößchen oder mit einem zweiten in Wasser getauchten Teelöffel zu ovalen, spitz zulaufenden Nocken formen. Die Klößchen oder Nocken in das kochende Wasser geben und halb zugedeckt in ca. 15 Min. gar sieden (nicht kochen) lassen.

4 Die Polenta-Basilikum-Nocken mit dem Schaumlöffel herausheben und nach Belieben in Tomatensuppe (siehe Tipp) oder in einer Minestrone servieren.

TIPP Am liebsten mag ich die Polenta-Basilikum-Nocken in einer pikanten Tomatensuppe. Diese hier ist blitzschnell gemacht: 1 in feine Würfel geschnittene Zwiebel in 3 EL Olivenöl glasig dünsten. Mit 1 TL Zucker und ½ TL getrocknetem Oregano bestreuen und kurz karamellisieren lassen. 1 große Dose Tomaten (800 g Inhalt) samt Flüssigkeit dazugeben, dabei die Tomaten grob zerdrücken. ½ l Brühe angießen, die Suppe aufkochen und alles 20 Min. köcheln lassen. Die Tomatensuppe mit dem Stabmixer pürieren und mit Salz, Zucker und Cayennepfeffer würzen.

LACHS-DILL-KLÖSSCHEN

250 g Lachsfilet (ohne Haut) | 1 Scheibe Sand-
wichbrot | 70 g Sahne | 1 Eiweiß | Salz | abgerie-
bene Schale von ½ Bio-Zitrone | 1 EL fein ge-
schnittener Dill | Pfeffer | 1 Spritzer Zitronensaft

Fischgenuss vom Feinsten

Für 4 Personen | 20 Min. Zubereitung |
30 Min. Kühlen
Pro Portion ca. 200 kcal, 14 g EW, 14 g F, 4 g KH

1 Das Lachsfilet waschen und trocken tupfen,
eventuell noch vorhandene Gräten mit einer Pin-
zette herausziehen. Das Filet grob würfeln und
zugedeckt 20 – 30 Min. in das Tiefkühlfach legen.

2 Inzwischen vom Weißbrot die Rinde entfernen,
das Brot zerzupfen und in eine Schüssel geben.
Mit der Sahne beträufeln und 15 Min. kühl stellen.

3 Die Lachswürfel, das eingeweichte Weißbrot
(mit Flüssigkeit), das Eiweiß und ½ TL Salz im
Mixer oder mit dem Stabmixer fein pürieren. Die
Masse nach Belieben noch durch ein Sieb strei-
chen – so wird die Farce besonders fein. Die Zitro-

nenschale und den Dill unterrühren und die Farce
mit Salz, Pfeffer und etwas Zitronensaft würzen.

4 In einem Topf Salzwasser zum Sieden (nicht
Kochen) bringen. Von der Farce mit zwei Teelöffeln
kleine Klößchen abstechen (dabei die Löffel immer
wieder in eiskaltes Wasser tauchen) und diese zu
Nocken formen. Im siedenden Wasser offen in
3 – 5 Min. gar ziehen lassen.

5 Die Lachs-Dill-Klößchen mit dem Schaumlöffel
herausheben, abtropfen lassen und nach Belieben
in Spargel-, Kräuter- oder Spinatsuppe servieren.

TIPP

Wenn's schnell gehen soll und nicht so auf die
perfekte Form ankommt, portioniere und forme
ich die Mini-Klößchen auch mal mit einem Ku-
gelausstecher. Wichtig: Den Ausstecher immer
wieder in kaltes Wasser tauchen, damit die
Lachsfarce nicht anklebt.

GEFLÜGELKLÖSSCHEN

250 g Hähnchenbrustfilet | 200 g Sahne | Salz |
1 TL Dijonsenf | abgeriebene Schale von ½ Bio-
Zitrone | Cayennepfeffer

Fein und leicht

Für 4 Personen | 20 Min. Zubereitung |
30 Min. Kühlen
Pro Portion ca. 225 kcal, 15 g EW, 15 g F, 7 g KH

1 Fleisch waschen, trocken tupfen und grob würfeln. Zugedeckt 20 – 30 Min. in das Tiefkühlfach
legen. Die Sahne ebenfalls 20 – 30 Min. tiefkühlen.

2 In einem Topf Salzwasser zum Sieden (nicht Kochen) bringen. Fleisch im Mixer kurz pürieren und
ca. 100 g Sahne untermixen. Die restlichen Zutaten
dazugeben und alles glatt pürieren. Eine kleine
Menge Fleischfarce in das Wasser geben, einige
Min. gar ziehen lassen und kosten. Farce, falls nötig, nachwürzen. Mithilfe von zwei in kaltes Wasser
getauchten Teelöffeln kleine Klößchen abstechen
und im siedenden Wasser in ca. 5 Min. gar ziehen
lassen. Klößchen herausheben und nach Belieben
in Gemüse- oder Nudelsuppe servieren.

ASIA-FLEISCHKLÖSSCHEN

2 Frühlingszwiebeln | 1 Knoblauchzehe | 1 Stück
Ingwer (ca. 2 cm) | 1 EL Öl | Salz | 250 g Thürin-
ger Mett (gewürztes Hackfleisch) | 3 EL Sem-
melbrösel | 1 Eigelb | 2 EL gehacktes Koriander-
grün | 1 EL Sojasauce | ½ TL Chiliflocken

Fix gemacht

Für 4 Personen | 20 Min. Zubereitung
Pro Portion ca. 250 kcal, 15 g EW, 20 g F, 1 g KH

1 Frühlingszwiebeln putzen, waschen und in
dünne Ringe schneiden. Knoblauch und Ingwer
schälen und fein hacken. Öl in einer Pfanne erhitzen, die vorbereiteten Zutaten darin in ca. 3 Min.
weich dünsten. Die Mischung abkühlen lassen.

2 In einem Topf Salzwasser zum Kochen bringen.
Die Frühlingszwiebelmischung mit den restlichen
Zutaten (ohne Salz) verkneten. Kleine Portionen
Fleischteig (à ca. 15 g) mit nassen Händen zu Klößchen formen, ins Wasser geben und halb zugedeckt in 8 – 10 Min. gar ziehen (nicht kochen) lassen. Die Klößchen herausheben und nach Belieben
in Asia-Gemüse- oder Kokossuppe servieren.

RUNDE SACHEN

Erst der Knödel macht den Braten zum Festessen, und auch Gemüse zeigt
sich in seiner Begleitung von der besten Seite. So kommen auch Genießer
auf ihre Kosten, die es lieber fleischlos mögen. Wie gut, dass die Rundlinge
unglaublich vielseitig sind – und manchmal gar nicht rund.

KARTOFFELKLÖSSE »HALB UND HALB«

Wenn Sie bisher nur Kartoffelklöße aus der Tüte kennen, haben Sie wirklich was verpasst.
Der Clou bei den Klößen hier sind die buttrigen Brotwürfel im Innern.

1,2 kg mehligkochende
Kartoffeln
Salz
1 altbackenes Brötchen
2 EL Butter
1 Spritzer Zitronensaft
100 ml Milch
120 – 150 g Speisestärke
1 Eigelb
frisch geriebene Muskatnuss

Aus Omas Küche 🌿

Für 8 Klöße |
1 Std. 30 Min. Zubereitung
Pro Kloß ca. 220 kcal,
4 g EW, 6 g F, 38 g KH

1 Die Kartoffeln waschen und die Hälfte davon in Salzwasser in 20 – 25 Min. weich garen. Inzwischen das Brötchen in kleine Würfel schneiden. Die Butter in einer Pfanne zerlassen und die Brötchenwürfel darin knusprig rösten.

2 Etwas Wasser und Zitronensaft in eine Schüssel geben. Die restlichen Kartoffeln schälen, waschen und auf der feinen Seite der Gemüsereibe ins Zitronenwasser reiben. Die Kartoffelmasse über einer Schüssel in ein Kartoffel-Presssäckchen (siehe Umschlagklappe vorne) gießen und ausdrücken, bis keine Flüssigkeit mehr austritt (ergibt ca. 150 g Kartoffelmasse). Die Flüssigkeit beiseitestellen. Die Kartoffelmasse in einer weiteren Schüssel auflockern. Die Milch aufkochen und über die Kartoffelmasse träufeln.

3 Die gekochten Kartoffeln abgießen, pellen und noch heiß durch die Kartoffelpresse auf die rohen Kartoffeln drücken. 120 g Stärke, das Eigelb, 1½ TL Salz und Muskatnuss dazugeben. Das Kartoffelwasser vorsichtig abgießen und die am Boden abgesetzte Stärke zur Kartoffelmischung geben, die Stärke dabei zwischen den Fingern zerreiben. Alles mit den Händen zu einem glatten Teig verkneten. Falls er noch klebt, etwas mehr Speisestärke hinzufügen. Den Teig mit Salz und Muskatnuss abschmecken.

4 In einem weiten Topf reichlich Salzwasser aufkochen. Mit nassen Händen 8 tennisballgroße Portionen vom Kloßteig abnehmen und etwas flach drücken, jeweils einige Brotwürfel hineingeben und den Teig rund formen. Die Klöße in das kochende Wasser geben, aufkochen und halb zugedeckt in ca. 20 Min. gar sieden (nicht kochen) lassen. Mit dem Schaumlöffel herausheben und zu (Gemüse-)Ragout, Braten oder Gulasch (siehe S. 36) servieren.

»SEIDENE« KLÖSSE

800 g mehligkochende Kartoffeln | Salz |
1 altbackenes Brötchen | 80 g Butter |
120 – 140 g Speisestärke | 1 Ei | frisch gerie-
bene Muskatnuss

Gelingen leicht 🌱

Für 8 Klöße | 1 Std. Zubereitung
Pro Kloß ca. 220 kcal, 3 g EW, 9 g F, 30 g KH

1 Die Kartoffeln schälen, waschen, grob würfeln
und in Salzwasser in 20 – 25 Min. weich garen.

2 Inzwischen das Brötchen in kleine Würfel
schneiden. 1 EL Butter in einer Pfanne zerlassen
und die Brotwürfel darin knusprig rösten. Herausnehmen und die restliche Butter zerlassen.

3 Die Kartoffeln abgießen und kurz ausdampfen
lassen, noch heiß durch die Kartoffelpresse drü-

cken und lauwarm abkühlen lassen. Dann mit den
Händen 120 g Stärke locker untermischen. Das Ei
verquirlen, mit der flüssigen Butter, Salz und Muskatnuss zur Kartoffelmasse geben und alles mit
den Händen zu einem glatten Teig verkneten. Falls
der Teig noch klebt, etwas mehr Stärke hinzufügen.

4 Den Teig auf der mit Speisestärke bestäubten
Arbeitsfläche zu einer dicken Rolle formen und in
8 gleich große Stücke schneiden. Die Stücke jeweils flach drücken und einige Brotwürfel in die
Mitte geben. Den Teig über dem Brot zusammendrücken und zu Knödeln rollen.

5 In einem Topf reichlich Salzwasser aufkochen.
Die Klöße hineingeben, aufkochen und halb zugedeckt in ca. 20 Min. gar sieden (nicht kochen) lassen. Herausheben und zu (Gemüse-)Ragout, Braten mit Sauce oder Gulasch (siehe S. 36) servieren.

FINGERNUDELN

750 g mehligkochende Kartoffeln | Salz | 250 – 300 g Mehl | 2 Eier | 1 Eigelb | frisch geriebene Muskatnuss | 3 EL Butterschmalz

Beste Bauernküche

Für 4 Personen | 1 Std. 15 Min. Zubereitung
Pro Portion ca. 480 kcal, 15 g EW, 13 g F, 76 g KH

1 Die Kartoffeln waschen und in Salzwasser in 20 – 25 Min. weich garen. Abgießen und auf der heißen Herdplatte ausdampfen lassen, bis sie ganz trocken sind. Die Kartoffeln pellen und durch die Kartoffelpresse in eine Schüssel drücken. Die Masse etwas auflockern und auskühlen lassen.

2 200 g Mehl und 1 TL Salz locker unter die Kartoffeln mischen, dabei den Teig zwischen den Fingern zerbröseln. Die Eier und das Eigelb leicht verquirlen und mit dem Kochlöffel unter den Teig rühren. Die Arbeitsfläche dick mit etwas Mehl bestäuben und den Teig darauf verkneten. Falls er noch klebt, etwas mehr Mehl hinzufügen. Mit Salz und Muskatnuss würzen.

3 Den Kartoffelteig zu einer ca. 5 cm dicken Rolle formen und in ca. 2 cm dicke Scheiben schneiden. Aus den Scheiben mit bemehlten Händen daumendicke, spitz zulaufende Röllchen (Nudeln) von beliebiger Länge formen.

4 Das Butterschmalz in einer großen Pfanne zerlassen und die Fingernudeln darin rundherum in ca. 10 Min. goldbraun braten. Dazu passt klassischerweise Sauerkraut. Fingernnudeln schmecken aber auch sehr lecker mit einem gemischten Salat.

KRÄUTERKNÖDEL MIT SALSICCIA

Ein echter Hit zu diesen würzigen Klößen ist Radicchio-Tomaten-Gemüse.
Veggies füllen die Klöße einfach mit aromatischem Gorgonzola.

Für die Knödel:
800 g mehligkochende
Kartoffeln | Salz
je 60 – 80 g Mehl und
Speisestärke
1 Ei
frisch geriebene Muskatnuss
4 EL gehackte Kräuter
(z. B. Thymian, Petersilie,
Schnittlauch, Majoran)
2 EL Olivenöl
250 g Salsiccia
(ital. grobe Bratwurst)
2 EL schwarze Oliven
(ohne Stein)
Für das Gemüse:
2 Köpfe Radicchio
2 rote Zwiebeln
3 EL Olivenöl
1 TL Thymianblättchen
2 TL Zucker
2 – 3 EL Aceto balsamico
200 g Kirschtomaten
Salz | Pfeffer

Klassiker mediterran

Für 8 große Knödel |
1 Std. 15 Min. Zubereitung
Pro Knödel ca. 375 kcal,
10 g EW, 24 g F, 32 g KH

1 Für die Knödel aus Kartoffeln, Salz, Mehl, Stärke, Ei sowie Muskatnuss einen Knödelteig zubereiten wie im Grundrezept Kartoffelknödel (siehe S. 6) in Schritt 1, 3 und 4 beschrieben. Dabei zusammen mit dem Ei die Kräuter unter den Teig mischen.

2 Das Öl in einer Pfanne erhitzen. Die Salsiccia in kleinen Stücken aus der Haut drücken und im heißen Öl in ca. 5 Min. krümelig anbraten. Auf Küchenpapier abtropfen lassen und in eine Schüssel geben. Die Oliven grob hacken und untermischen.

3 In einem weiten Topf reichlich Salzwasser aufkochen. Den Kartoffelteig auf der mit Mehl bestäubten Arbeitsfläche zu einer dicken Rolle formen und in 8 Scheiben schneiden. Die Teigstücke jeweils flach drücken und etwas Salsicciamischung in die Mitte geben. Den Teig über der Füllung zusammendrücken und mit nassen Händen zu Knödeln formen. Die Kräuterknödel ins Wasser geben, aufkochen und halb zugedeckt in ca. 20 Min. gar sieden (nicht kochen) lassen.

4 Inzwischen für das Gemüse den Radicchio putzen, waschen und trocken schleudern, die Blätter in breite Streifen schneiden. Die Zwiebeln schälen und in dünne Scheiben schneiden. Das Öl in einer Pfanne erhitzen und die Zwiebeln darin in ca. 5 Min. weich dünsten. Radicchio und Thymian mitdünsten, bis der Radicchio zusammengefallen ist. Den Zucker darüberstreuen und karamellisieren lassen, mit Essig ablöschen. Die Tomaten waschen, halbieren und untermischen. Das Gemüse mit Salz und Pfeffer würzen.

5 Die Kräuterknödel mit dem Schaumlöffel herausheben und mit dem Radicchio-Tomaten-Gemüse anrichten.

SERVIETTENKNÖDEL MIT PILZSAUCE

Mit Pancetta und sahniger Sauce ist dieser Knödel eine runde Sache,
auch wenn er ausnahmsweise in Scheiben geschnitten wird.

Für den Serviettenknödel:
250 g altbackene Brötchen
oder Weißbrot | 80 g Pancetta
1 Bund Frühlingszwiebeln
1 Knoblauchzehe
1 EL Olivenöl
2 TL gehackter Rosmarin
2 EL gehackte Petersilie
60 g in Öl eingelegte, getrock-
nete Tomaten
4 Eier | 180 ml Milch
Salz | Pfeffer
1 EL flüssige Butter
Für die Sauce:
1 kg Champignons oder ge-
mischte Pilze (z. B. Steinpilze,
Pfifferlinge, Kräuterseitlinge)
2 EL Butter
1 TL Thymianblättchen
1 Zwiebel | 200 g Sahne
200 g saure Sahne
1 EL gehackter Majoran
Salz | Pfeffer

Gutes für Gäste

Für 4 – 6 Personen |
2 Std. Zubereitung
Pro Portion (bei 6 Personen)
ca. 575 kcal, 19 g EW,
42 g F, 31 g KH

1 Für den Serviettenknödel den Ofen auf 150° vorheizen. Die Brötchen würfeln, auf einem Backblech verteilen und im Ofen (Mitte) 10 – 15 Min. rösten, dabei das Blech ab und zu etwas rütteln. Herausnehmen und in einer Schüssel abkühlen lassen.

2 Pancetta fein würfeln. Frühlingszwiebeln putzen, waschen und in dünne Ringe schneiden. Knoblauch schälen und fein würfeln. Das Öl in einer Pfanne erhitzen und die Pancetta darin ca. 5 Min. leicht knusprig braten. Frühlingszwiebeln, Knoblauch und Rosmarin 2 – 3 Min. mitdünsten. Die Petersilie untermischen, alles etwas abkühlen lassen. Die Tomaten abtropfen lassen und fein würfeln.

3 Die Pancetta-Zwiebel-Mischung und die Tomaten zu den Brötchen geben (Bild 1). Die Eier mit der Milch verquirlen und darübergießen, alles gründlich mischen und mit Salz und Pfeffer würzen.

4 In einem weiten Topf reichlich Salzwasser aufkochen. Eine große Stoffserviette im unteren Drittel mit Butter bestreichen. Den Knödelteig darauf mit nassen Händen zu einer Rolle formen, dabei seitlich je ca. 15 cm frei lassen (Bild 2). Die Serviette aufrollen und die Seiten zubinden. Den Knödel ins Wasser geben (Bild 3) und halb zugedeckt in ca. 35 Min. gar sieden (nicht kochen) lassen.

5 Inzwischen für die Sauce die Pilze putzen, trocken abreiben und in gleich große Stücke schneiden. Butter in einer Pfanne zerlassen und die Pilze darin mit dem Thymian 5 Min. braten. Zwiebel schälen, fein würfeln und kurz mitdünsten. Sahne hinzufügen und 3 Min. köcheln lassen. Saure Sahne und Majoran unterrühren, salzen und pfeffern. Den Serviettenknödel herausheben und auswickeln, in Scheiben schneiden und mit der Pilzsauce anrichten.

(handwritten annotations in left margin: "5 EL Semel", "bösel", "Schms Eier", "5 dy Salami", "15")

BREZENKNÖDELROLLE

300 g altbackene Laugenstangen oder ~~300~~ *(handwritten: henig)*
-brötchen | ~~3/8~~ l Milch | 1 kleine Zwiebel |
~~2 EL Butter~~ | 2 EL gehackte Petersilie | Salz |
3 Eier | 1 – 2 TL Brotgewürz | Pfeffer | 3 EL Butter

Geht ganz einfach 🌿

Für 6 Personen | 1 Std. Zubereitung
Pro Portion ca. 245 kcal, 8 g EW, 12 g F, 26 g KH

1 Die Laugenstangen klein würfeln und in eine
Schüssel geben. Die Milch erhitzen und über die
Brotwürfel träufeln. Mit den Händen locker mi-
schen und zugedeckt ca. 20 Min. ziehen lassen.

2 Die Zwiebel schälen und fein würfeln. 2 EL Butter in einer Pfanne zerlassen und die Zwiebelwürfel
darin in 5 – 10 Min. weich dünsten. Die Petersilie
hinzufügen und kurz mitdünsten. Die Mischung
etwas abkühlen lassen.

(handwritten: si gut)

3 In einem weiten Topf reichlich Salzwasser aufkochen. Die Eier leicht verquirlen und mit der Zwiebelmischung, Brotgewürz und 1 TL Salz zum Brot
geben. Zuerst mit dem Kochlöffel, dann mit den
Händen gut durchmischen und dabei leicht zusammendrücken. Mit Salz und Pfeffer abschmecken.

4 Einen Bogen Alufolie (ca. 40 × 50 cm) im unteren Drittel mit der übrigen Butter bestreichen. Den
Knödelteig darauf zu einer Rolle formen, dabei
seitlich jeweils ca. 15 cm frei lassen. Folie aufrollen,
die Seiten zudrehen und nach oben einschlagen.

5 Die Rolle ins kochende Wasser legen und halb
zugedeckt in ca. 30 Min. gar köcheln lassen. Herausheben, die Enden abschneiden und den Knödel
auswickeln. In Scheiben schneiden und zu Tomatengemüse (siehe S. 30), Braten, Gulasch (siehe
S. 36) oder Pilzsauce (siehe S. 26) servieren.

MEHLKLÖSSE MIT KORIANDERLINSEN

70 g altbackene Brötchen oder Weißbrot | 80 g Butter | 250 g braune Linsen | 1 EL Thymianblättchen | je 150 g Staudensellerie und Möhren | 1 Schalotte | 2 TL Korianderkörner (grob zerstoßen) | Salz | 125 g Mehl | ½ TL Backpulver | 1 Ei | 80 ml Milch | ½ l Gemüsebrühe | Cayennepfeffer | 3 – 4 EL Aceto balsamico

Franken meets Asia

Für 4 Personen | 50 Min. Zubereitung
Pro Portion ca. 515 kcal, 23 g EW, 19 g F, 62 g KH

1 Für die Klöße die Brötchen in kleine Würfel schneiden. In einer Pfanne 1 EL Butter zerlassen und die Brotwürfel darin goldbraun rösten. In eine Schüssel geben und abkühlen lassen. Inzwischen die Linsen mit dem Thymian und 1 l Wasser in einen Topf geben, zum Kochen bringen und bei schwacher Hitze in 15 – 20 Min. bissfest kochen.

2 Währenddessen den Sellerie putzen, waschen und fein würfeln. Möhren und Schalotte schälen und fein würfeln. In einem Topf 3 EL Butter zerlassen und das Gemüse darin mit dem Koriander ca. 5 Min. dünsten.

3 In einem Topf reichlich Salzwasser zum Kochen bringen. Mehl, Backpulver, Ei, Milch und Salz zu einem glatten Teig verrühren. Brotwürfel untermischen. Mit einem nassen Esslöffel ca. 8 gleichmäßige Teigportionen abnehmen, ins Wasser geben und halb zugedeckt in ca. 15 Min. gar sieden (nicht kochen) lassen. Nach 8 Min. die Klöße wenden.

4 Die Linsen in ein Sieb abgießen, mit der Brühe zum Gemüse geben und 5 Min. mitköcheln. Übrige Butter unterrühren, die Linsen mit Salz, Cayennepfeffer und Essig würzen. Die Klöße herausheben und mit den Korianderlinsen anrichten.

PILZKNÖDEL-MUFFINS MIT TOMATENGEMÜSE

Knödel mal ganz anders – als kleine pikante Kuchen. Wenn dazu noch
ein himmlisch fruchtiges Tomatengemüse serviert wird, ist der Genuss perfekt.

Für die Muffins:
4 EL Butter
200 g altbackene Brötchen
oder Weißbrot
400 g Pilze
(z. B. Champignons, Pfifferlinge, Kräuterseitlinge)
1 Bund Frühlingszwiebeln
Salz | Pfeffer
2 – 3 TL Thymianblättchen
4 EL gehackte Petersilie
200 ml Milch | 6 Eier
40 g geriebener Parmesan
60 g Mehl
1 TL Backpulver
Für die Tomaten:
1,2 kg kleine Strauchtomaten
4 Knoblauchzehen
4 EL Olivenöl | 2 TL Zucker
2 – 3 EL Aceto balsamico
3 EL kleine Kapern
Salz | Pfeffer
½ Bund Basilikum

Geniale Gemüseküche 🌿

Für 6 Personen |
1 Std. 15 Min. Zubereitung |
20 Min. Backen
Pro Portion ca. 490 kcal,
19 g EW, 29 g F, 38 g KH

1 Für die Muffins den Backofen auf 150° vorheizen und die
Mulden des Muffinblechs mit 3 EL Butter einfetten. Die Brötchen
klein würfeln, auf einem Backblech verteilen und im Ofen (Mitte)
ca. 10 Min. rösten. Herausnehmen und abkühlen lassen.

2 Inzwischen die Pilze putzen, trocken abreiben und klein
schneiden. Die Frühlingszwiebeln putzen, waschen und in dünne
Ringe schneiden. Die restliche Butter in einer Pfanne zerlassen
und die Pilze darin 5 – 8 Min. anbraten. Salzen und pfeffern. Die
Frühlingszwiebeln und den Thymian einige Minuten mitdünsten.
Die Petersilie unterrühren und die Pilzmischung abkühlen lassen.

3 Die Milch mit Eiern und Parmesan verquirlen, salzen und pfeffern. Die Brötchenwürfel und die Pilzmischung unterheben. Das
Mehl mit dem Backpulver mischen, über die Eier-Pilz-Mischung
sieben und unterrühren. Den Teig in die Mulden des Muffinblechs
füllen (bis zum Rand), etwas andrücken und die Muffins im Ofen
(Mitte) in ca. 20 Min. goldbraun backen.

4 Inzwischen die Tomaten waschen und vierteln, dabei die
Stielansätze entfernen. Den Knoblauch schälen und in dünne
Scheiben schneiden. Das Öl in einer Pfanne erhitzen und den
Knoblauch darin hellgelb anbraten. Die Tomaten hinzufügen und
3 – 5 Min. dünsten, bis sie leicht zerfallen. Den Zucker darüberstreuen, den Essig und die Kapern unterrühren. Mit Salz und Pfeffer abschmecken. Das Basilikum waschen und trocken schütteln,
die Blätter abzupfen, grob hacken und unter die Tomaten heben.

5 Die Muffins aus dem Ofen nehmen, aus der Form lösen und
lauwarm oder kalt mit dem Tomatengemüse servieren.

SAURE KNÖDEL

1 große rote Zwiebel | 100 ml Gemüsebrühe |
5 EL Weißweinessig | Salz | Pfeffer | 3 EL Trau-
benkern- oder Rapsöl | 4 Semmelknödel vom
Vortag (siehe Grundrezept S. 7) | 80 g Geflügel-
wurst (in dünnen Scheiben) | 100 g Friséesalat-
blätter | 2 EL Schnittlauchröllchen

Resteküche de luxe

Für 4 Personen | 45 Min. Zubereitung |
30 Min. Marinieren
Pro Portion ca. 220 kcal, 7 g EW, 14 g F, 16 g KH

1 Die Zwiebel schälen und halbieren, in dünne
Scheiben schneiden und in eine Schüssel geben.
Die Brühe in einem kleinen Topf zum Kochen bringen und über die Zwiebeln gießen. 4 EL Essig, Salz,
Pfeffer sowie das Öl darübergeben, alles gut mischen und die Zwiebel-Vinaigrette lauwarm abkühlen lassen.

2 Die Knödel halbieren, in dünne Scheiben
schneiden und in eine Schüssel geben. Die Vinaig-
rette darübergießen und die Knödelscheiben zugedeckt mindestens 30 Min. durchziehen lassen.

3 Die Wurstscheiben halbieren. Die Salatblätter
waschen, trocken schütteln und etwas kleiner zup-
fen. Salat, Wurst und Schnittlauch mit den Knödelscheiben mischen. Die sauren Knödel mit Salz,
Pfeffer und dem restlichen Essig abschmecken.

TIPP

Eine schnelle Variante der sauren Knödel ist
ein Knödel-Carpaccio: Dafür Knödel- und
Tomatenscheiben (von 4 Semmelknödeln und
1 – 2 Ochsenherztomaten) überlappend auf Tel-
lern auslegen. 3 EL Rotweinessig, Salz, Pfeffer
und 6 EL Walnussöl verquirlen und darüberträufeln. Mit Schnittlauch bestreuen.

KNÖDELSCHMARRN

250 g altbackene Brötchen oder Weißbrot |
¼ l Milch | 4 Eier | 1 TL Salz | 4 EL Butter oder
Butterschmalz

Hit für Kids

Für 4 Personen | 40 Min. Zubereitung |
20 Min. Ruhen
Pro Portion ca. 370 kcal, 14 g EW, 18 g F, 38 g KH

1 Die Brötchen in kleine Würfel schneiden und in
eine Schüssel geben. Die Milch in einem Topf erhitzen und darübergießen. Locker verrühren und zugedeckt 20 Min. ziehen lassen.

2 Die Eier mit Salz verquirlen, zu den Brötchen
geben und alles mit dem Kochlöffel gut mischen.
Den Backofen auf 120° vorheizen. In einer großen
Pfanne 2 EL Butter zerlassen, die Hälfte des Teigs
hineingeben, etwas flach drücken und in ca. 5 Min.

goldbraun backen. Wenden und in weiteren 5 Min.
knusprig backen, dabei nach 2 Min. mit zwei Pfan-
nenwendern in Stücke zerteilen.

3 Den Knödelschmarrn im Ofen warm stellen. Die
restliche Butter in der Pfanne zerlassen und den
übrigen Teig auf die gleiche Weise backen.

TIPP

Am liebsten serviere ich den Knödelschmarrn
mit einem knackigen Blatt- oder Gurkensalat.
Kinder sind dagegen von der süßen Variante
begeistert: Dafür einfach den gebackenen Knödelschmarrn mit Zucker bestreuen und Kompott oder Apfelmus dazu reichen.

KNÖDEL VON WELT

Nicht nur hierzulande werden Knödel heiß geliebt, auch unsere europäischen Nachbarn wissen, was gut ist. Und selbst im fernen China finden Knödelfans ihr Glück. Kommen Sie mit auf eine Reise durch die große Welt der kleinen Kugeln.

BÖHMISCHER KNÖDEL MIT GULASCH

Was die Wiener Köchinnen dem Herrn Kommerzienrat servierten, mögen wir auch – am liebsten zu Gulasch mit ganz viel Sauce.

Für das Gulasch:
1 kg Zwiebeln
40 g Butterschmalz
1 kg Rindergulasch
(aus Schulter oder Keule)
2 Knoblauchzehen
1 EL Tomatenmark
3 EL edelsüßes Paprikapulver
½ TL Kümmelpulver
2 EL Rotweinessig
½ l Fleischbrühe
Salz | Pfeffer
Für den Knödel:
100 ml Milch
250 g Mehl + Mehl für die
Arbeitsfläche
10 g frische Hefe
(ca. ¼ Würfel)
½ TL Zucker
1 TL Salz | 1 Ei

Ein echtes Sonntagsessen

Für 4 Personen | Knödel:
45 Min. Zubereitung |
1 Std. 15 Min. Ruhen |
Gulasch:
2 Std. 15 Min. Zubereitung
Pro Portion ca. 740 kcal,
35 g EW, 25 g F, 88 g KH

1 Für das Gulasch die Zwiebeln schälen und würfeln. Das Butterschmalz in einem Schmortopf zerlassen und die Zwiebeln darin in 15 – 20 Min. weich und goldgelb dünsten.

2 Das Fleisch trocken tupfen. Den Knoblauch schälen und fein würfeln, mit dem Tomatenmark zu den Zwiebeln geben und kurz andünsten. Paprika und Kümmel unterrühren, Essig hinzufügen und einkochen lassen. Die Brühe und das Fleisch dazugeben, alles aufkochen lassen und dann zugedeckt bei schwacher Hitze 1 ½ – 2 Std. schmoren. Mit Salz und Pfeffer würzen.

3 Inzwischen für den Knödel die Milch erwärmen. Das Mehl in eine Schüssel sieben, in die Mitte eine Mulde drücken und die Milch hineingießen. Die Hefe in die Milch bröckeln und den Zucker hinzufügen. Milch, Hefe, Zucker und etwas Mehl in der Mulde mit einer Gabel verrühren. Die Schüssel mit einem Küchentuch bedecken und den Vorteig an einem warmen Ort 15 Min. gehen lassen.

4 Dann Salz und Ei in die Schüssel geben und alles mit den Knethaken des Handrührgeräts kurz verkneten. Den Teig auf der Arbeitsfläche so lange kneten, bis er geschmeidig ist und leicht glänzt (ca. 10 Min.). Den Teig zu einer 15 – 20 cm langen Rolle formen und mit einem Küchentuch bedeckt ca. 1 Std. gehen lassen.

5 In einem weiten Topf reichlich Salzwasser zum Kochen bringen. Die Teigrolle hineingeben, aufkochen und zugedeckt ca. 12 Min. köcheln lassen. Dann wenden und in ca. 12 Min. gar köcheln lassen – der Teig geht sehr stark auf. Die Rolle mit dem Schaumlöffel herausheben, mit der Fleischgabel mehrmals einstechen und in Scheiben schneiden. Mit dem Gulasch servieren.

ROTE-BETE-KNÖDEL

250 g altbackene Brötchen oder Weißbrot | 200 g gegarte Rote Bete (vakuumverpackt) | 3 Eier | 100 g Sahne | Salz | 4 Frühlingszwiebeln | 2 EL Butter | 3 EL gehackte Petersilie | 1 TL gehackter Thymian | 40 g geriebener Parmesan | 50 g Bergkäse | 2 EL Mehl | Pfeffer

Südtiroler Spezialität

Für 8 Knödel | 50 Min. Zubereitung | 15 Min. Ruhen
Pro Knödel ca. 235 kcal, 10 g EW, 12 g F, 22 g KH

1 Die Brötchen in sehr dünne Scheiben schneiden. Die Rote Bete grob würfeln und samt Eiern mit dem Stabmixer fein pürieren. Die Sahne und 1 TL Salz unterrühren. Die Brötchen in eine Schüssel geben und die Rote-Bete-Mischung darübergießen, alles mit den Händen locker mischen und zugedeckt ca. 20 Min. ziehen lassen.

2 Inzwischen die Frühlingszwiebeln putzen, waschen und in dünne Ringe schneiden. Die Butter zerlassen und die Frühlingszwiebeln darin in ca. 5 Min. weich dünsten. Petersilie und Thymian unterrühren. Dann mit Parmesan zur Brötchenmischung geben und alles mit den Händen mischen. Den Bergkäse in kleine Würfel schneiden und mit dem Mehl untermischen. Den Knödelteig mit Salz und Pfeffer würzen und ca. 15 Min. ruhen lassen.

3 Reichlich Salzwasser zum Kochen bringen. Mit nassen Händen 8 tennisballgroße Teigportionen abnehmen und rund formen. Die Rote-Bete-Knödel ins Wasser geben, aufkochen lassen und dann halb zugedeckt in ca. 20 Min. gar sieden (nicht kochen) lassen. Mit dem Schaumlöffel herausheben und nach Belieben mit Salat, Käsesauce (siehe Umschlagklappe hinten), Pilzsauce (siehe S. 26), Lauchgemüse oder Sauerkraut servieren.

SPINATKNÖDEL

500 g TK-Blattspinat | 250 g altbackene Brötchen oder Weißbrot | 200 ml Milch | 1 Zwiebel | 1 Knoblauchzehe | 2 EL Butter | Salz | Pfeffer | frisch geriebene Muskatnuss | 2 EL gehackte Petersilie | 1 EL gehackter Majoran oder Salbei | 3 Eier | 80 g geriebener Bergkäse | 2 EL Mehl

Gemüse in Bestform

Für 8 Knödel | 50 Min. Zubereitung
Pro Knödel ca. 210 kcal, 11 g EW, 9 g F, 22 g KH

1 Den Spinat nach Packungsanweisung auftauen lassen. Dann in ein Sieb geben, kräftig ausdrücken und fein hacken.

2 Die Brötchen in sehr dünne Scheiben schneiden und in eine Schüssel geben. Die Milch erhitzen und darüberträufeln, locker mischen und zugedeckt ca. 20 Min. ziehen lassen.

3 Zwiebel und Knoblauch schälen, fein würfeln und in der Butter in ca. 5 Min. weich dünsten. Spinat hinzufügen und kurz mitdünsten, mit Salz, Pfeffer und Muskatnuss würzen. Petersilie und Majoran unterrühren. Alles kurz abkühlen lassen.

4 Die Eier leicht verquirlen. Eier, Spinatmischung, Käse, Mehl und Brötchen mit den Händen durchmischen. Den Teig mit Salz, Pfeffer und Muskatnuss würzen und ca. 10 Min. ruhen lassen. Dann mit nassen Händen 8 tennisballgroße Portionen abnehmen und zu Knödeln rollen.

5 Die Spinatknödel in kochendem Salzwasser halb zugedeckt in ca. 20 Min. gar sieden (nicht kochen) lassen. Herausheben, abtropfen lassen und z. B. mit gebräunter Butter und gehobeltem Parmesan anrichten. Sie passen auch zu Pilzsauce (siehe S. 26) oder Tomatengemüse (siehe S. 30).

KASPRESSKNÖDEL MIT KRAUTSALAT

Mit diesen deftigen Käseknödeln kann man sich leicht ein Stück Almhütten-Romantik nach Hause holen. Sie schmecken am besten mit einem knackig-frischen Krautsalat.

Für den Krautsalat:
1 kleiner Spitzkohl (ca. 700 g)
100 g Tiroler Speck (in nicht zu dünnen Scheiben)
1 Zwiebel
6 EL Raps- oder Sonnenblumenöl
1 TL Kümmelsamen
3 TL Thymianblättchen
4 – 6 EL milder Weinessig
200 ml Gemüsebrühe
Salz | Pfeffer
Für die Kaspressknödel:
220 ml Milch
300 g altbackene Brötchen oder Weißbrot
1 kleine Zwiebel
2 EL Butter
4 EL gehackte Petersilie
200 g würziger Bergkäse
250 g gekochte Pellkartoffeln (mehligkochend, vom Vortag)
2 Eier
Salz | Pfeffer
frisch geriebene Muskatnuss
2 EL Butterschmalz

Mit Grüßen aus Tirol

Für 6 Personen |
40 Min. Zubereitung |
1 Std. Marinieren
Pro Portion ca. 660 kcal,
26 g EW, 45 g F, 39 g KH

1 Für den Krautsalat die äußeren Blätter vom Spitzkohl entfernen, den Kohl längs vierteln und den Strunk jeweils keilförmig herausschneiden. Die Viertel in feine Streifen schneiden oder hobeln. Den Speck klein würfeln. Die Zwiebel schälen und fein würfeln.

2 In einer Pfanne 2 EL Öl erhitzen, den Speck darin in ca. 5 Min. leicht knusprig braten. Zwiebel, Kümmel und Thymian hinzufügen und ca. 3 Min. mitdünsten. 4 EL Essig dazugeben und aufkochen lassen. Die Brühe hinzufügen und ca. 2 Min. köcheln lassen. Die Pfanne vom Herd nehmen, das restliche Öl unterrühren und die Mischung mit Salz und Pfeffer würzen.

3 Die Speckmischung über den Spitzkohl gießen und mit einem Kochlöffel untermischen, dabei den Kohl immer wieder zusammendrücken. Den Krautsalat zugedeckt mindestens 1 Std. durchziehen lassen. Kurz vor dem Servieren nochmals abschmecken.

4 Inzwischen für die Kaspressknödel die Milch erhitzen. Die Brötchen klein würfeln und in eine Schüssel geben, mit der Milch beträufeln und locker mischen. Zugedeckt ca. 20 Min. ziehen lassen.

5 Währenddessen die Zwiebel schälen und fein würfeln. Die Butter in einer kleinen Pfanne zerlassen und die Zwiebelwürfel darin in 5 – 10 Min. weich und glasig dünsten. Die Petersilie hinzufügen und kurz mitdünsten. Die Mischung etwas abkühlen lassen.

6 Den Käse klein würfeln. Die Kartoffeln pellen und auf der Gemüsereibe fein reiben. Kartoffeln, Eier, Zwiebelmischung und ½ TL Salz zu den Brotwürfeln geben. Alles mit den Händen gut durchmischen, dabei die Masse immer wieder leicht zusammendrücken. Mit Salz, Pfeffer und Muskatnuss kräftig abschmecken.

7 Das Butterschmalz in einer großen Pfanne zerlassen. Mit einem Esslöffel aprikosengroße Teigportionen abnehmen, mit nassen Händen rund formen und flach drücken. Die Kaspressknödel im Schmalz bei schwacher Hitze auf beiden Seiten in ca. 5 Min. goldbraun braten. Mit dem Krautsalat servieren.

GNOCCHI MIT PETERSILIENPESTO

Auch die Italiener haben's drauf: Diese Kartoffelklöße im Mini-Format mag ich am liebsten mit selbst gemachtem Pesto und würzigem Parmesan.

Für das Pesto:
60 g glatte Petersilienblätter
20 g Haselnüsse
2 TL kleine Kapern
150 ml Olivenöl
30 g geriebener Parmesan
Salz | Pfeffer
Für die Gnocchi:
800 g mehligkochende Kartoffeln
Salz
je 40 – 60 g Mehl und Speisestärke
40 g feiner Hartweizengrieß
2 Eigelb
frisch geriebene Muskatnuss
Außerdem:
2 EL geriebener Parmesan

Klassiker all' italiano

Für 4 Personen |
50 Min. Zubereitung
Pro Portion ca. 685 kcal,
11 g EW, 46 g F, 56 g KH

1 Für das Pesto Petersilie, Haselnüsse und Kapern mit 1 Schuss Öl im Mixer grob pürieren. Das restliche Öl nach und nach dazugeben und alles fein pürieren. Den Parmesan unterrühren und das Pesto mit Salz und Pfeffer abschmecken.

2 Für die Gnocchi die Kartoffeln waschen und in Salzwasser in 20 – 25 Min. weich garen. Abgießen und auf der heißen Herdplatte ausdampfen lassen, bis sie ganz trocken sind. Die Kartoffeln pellen und durch die Kartoffelpresse in eine Schüssel drücken, mit einem Löffel auflockern und etwas abkühlen lassen.

3 Je 40 g Mehl und Speisestärke mischen. Den Grieß, die Mehlmischung und 1 TL Salz über die Kartoffeln streuen und mit den Händen locker mischen, den Teig dabei zwischen die Finger zerbröseln. Die Eigelbe untermischen, dann alles auf der Arbeitsfläche zu einem glatten Teig verkneten. Falls er noch klebt, etwas mehr Mehlmischung hinzufügen. Den Kartoffelteig mit Salz und Muskatnuss kräftig abschmecken.

4 In einem weiten Topf reichlich Salzwasser zum Kochen bringen. Den Kartoffelteig auf der mit Mehl bestäubten Arbeitsfläche zu ca. 3 cm dicken Rollen formen und diese in 1 – 2 cm dicke Scheiben schneiden. Die Teigportionen zu Kugeln rollen und mit einer Gabel flach drücken, dabei die Gabel immer wieder in die Mehlmischung oder in Mehl tauchen. Die Gnocchi in das kochende Wasser geben, aufkochen lassen und 5 – 10 Min. sieden (nicht kochen) lassen, bis sie nach oben steigen.

5 Die Gnocchi mit dem Schaumlöffel herausheben, tropfnass mit dem Pesto mischen und mit Parmesan bestreuen.

KÜRBIS-GNOCCHI MIT ZIEGENKÄSE

200 g mehligkochende Kartoffeln | 600 g Kürbisfruchtfleisch | Salz | 150 – 200 g Mehl | 40 g geriebener Parmesan | 2 Eigelb | Pfeffer | frisch geriebene Muskatnuss | 3 EL Butter | 3 TL Thymianblättchen | 120 g Parmaschinken (in dünnen Streifen) | 2 Handvoll Babyspinat (küchenfertig) | 4 kleine Ziegenfrischkäsetaler (à ca. 40 g)

Aus der Emilia-Romagna

Für 4 Personen | 1 Std. Zubereitung
Pro Portion ca. 555 kcal, 28 g EW, 26 g F, 50 g KH

1 Die Kartoffeln schälen, waschen und grob würfeln. Das Kürbisfruchtfleisch in Stücke schneiden. Kartoffeln und Kürbis in Salzwasser in 15 – 20 Min. weich garen. Abgießen und auf der heißen Herdplatte ausdampfen lassen. Kürbis und Kartoffeln durch die Kartoffelpresse in eine Schüssel drücken und lauwarm abkühlen lassen. Dann 150 g Mehl und 1 TL Salz darüberstreuen. Parmesan und Eigelbe untermischen. Den Teig mit Salz, Pfeffer und Muskatnuss kräftig würzen.

2 Die Arbeitsfläche mit Mehl bestäuben und nach und nach so viel Mehl in den Teig einarbeiten, dass er gerade nicht mehr klebt. Aus dem Teig 2 – 3 cm dicke Rollen formen und diese in kurze Stücke schneiden. In einem Topf reichlich Salzwasser aufkochen und die Gnocchi darin ca. 5 Min. sieden (nicht kochen) lassen, bis sie nach oben steigen.

3 Die Butter in einer Pfanne zerlassen und den Thymian darin kurz anbraten. Die Gnocchi abtropfen lassen und in der Thymianbutter schwenken. Den Schinken und den Spinat untermischen, den Ziegenkäse darüberzupfen. Die Kürbis-Gnocchi mit Pfeffer bestreut servieren.

MALFATTI MIT SALBEI-NUSS-BUTTER

250 g Rucola | 2 Schalotten | 2 Knoblauch-zehen | 3 EL Olivenöl | je 1 Handvoll Petersilien-und Basilikumblätter | 100 g Sandwichbrot | 250 g Ricotta | 1 Ei | 2 Eigelb | 4 EL Mehl | 40 g geriebener Parmesan | Salz | Pfeffer | frisch geriebene Muskatnuss | 30 g Walnuss-kerne | 20 Salbeiblätter | 80 g Butter

Gelingen leicht 🌿

Für 4 Personen | 45 Min. Zubereitung |
1 Std. Kühlen
Pro Portion ca. 680 kcal, 19 g EW, 55 g F, 25 g KH

1 Den Rucola verlesen, waschen und tropfnass in einem Topf bei starker Hitze zusammenfallen lassen. In einem Sieb kalt abschrecken, gut ausdrücken (es bleiben ca. 150 g) und fein hacken. Schalotten und Knoblauch schälen und fein würfeln. Das Öl in einer Pfanne erhitzen, Schalotten und Knoblauch darin glasig dünsten. Den Rucola 2 Min. mitdünsten. Petersilie und Basilikum waschen, trocken schütteln, fein hacken und dazugeben.

2 Das Brot zerzupfen und im Mixer zu Bröseln zerkleinern. Brösel, Rucolamischung, Ricotta, Ei, Eigelbe, Mehl und Parmesan verrühren. Mit Salz, Pfeffer und Muskatnuss würzen. 1 Std. kühl stellen.

3 In einem Topf reichlich Salzwasser zum Kochen bringen. Vom Teig mit einem nassen Esslöffel Nocken abstechen, ins kochende Wasser geben und in 10 – 15 Min. gar sieden (nicht kochen) lassen.

4 Walnüsse hacken, Salbei waschen und gut trocken tupfen. Die Butter zerlassen, Nüsse und Salbei darin braten, bis die Butter hellbraun ist. Malfatti mit dem Schaumlöffel herausheben, in der Butter schwenken und mit Pfeffer bestreuen.

BAOZI MIT HACKFLEISCH

Wer sagt, dass Chinesen nur Reis essen? Auch gedämpfte Klößchen mit Fleischfüllung, Baozi genannt, werden im Reich der Mitte heiß geliebt.

Für den Teig:
300 g Mehl
3 EL Zucker
15 g frische Hefe
(ca. ⅓ Würfel)
½ TL Salz
1 EL Sesamöl
Für die Füllung:
1 Bund Frühlingszwiebeln
1 Knoblauchzehe
1 Stück Ingwer (ca. 2 cm)
1 EL Sesamöl
400 g Hackfleisch
2 EL Sojasauce
2 EL Austernsauce
1 EL Speisestärke
1 TL Zucker
1 Eiweiß
Außerdem:
Mehl zum Arbeiten
Sojasauce
süße Chilisauce

Klöße auf Asiatisch

Für 8 große Klöße |
1 Std. Zubereitung |
1 Std. 30 Min. Ruhen
Pro Kloß ca. 345 kcal,
16 g EW, 16 g F, 35 g KH

1 Für den Teig das Mehl in eine Schüssel sieben und in die Mitte eine Mulde drücken. Den Zucker und die zerbröckelte Hefe hineingeben und mit 50 ml warmem Wasser und ein wenig Mehl verrühren. Die Schüssel mit einem Küchentuch bedecken und den Vorteig an einem warmen Ort 15 Min. gehen lassen.

2 Salz, Öl und 150 ml warmes Wasser dazugeben und alles mit den Knethaken des Handrührgeräts 5 – 10 Min. zu einem glänzenden Teig verkneten. Zugedeckt an einem warmen Ort ca. 1 Std. gehen lassen, bis er sein Volumen verdoppelt hat. Dann auf der mit Mehl bestäubten Arbeitsfläche kurz durchkneten. Den Teig achteln und zu Kugeln rollen (Bild 1). Zugedeckt 15 Min. gehen lassen.

3 Für die Füllung die Frühlingszwiebeln putzen, waschen und fein schneiden. Knoblauch und Ingwer schälen und fein hacken. Das Öl in einer Pfanne erhitzen und die vorbereiteten Zutaten darin ca. 3 Min. andünsten. Abkühlen lassen. Hackfleisch in eine Schüssel geben. Soja- und Austernsauce mit der Speisestärke verquirlen und mit der Frühlingszwiebelmischung, Zucker und Eiweiß zum Hackfleisch geben (Bild 2). Alles mit den Händen verkneten.

4 In einem großen Topf oder Wok ca. 5 cm hoch Wasser zum Kochen bringen. Aus Backpapier 8 Quadrate (10 × 10 cm) schneiden. Die Teigkugeln flach drücken – an den Rändern flacher als in der Mitte. Jeweils etwas Hackfleisch daraufsetzen, den Teig darüber zusammendrehen (Bild 3). Die Klöße auf die Papiere geben und 4 Stück mit Abstand – sie gehen stark auf – in den Dämpfeinsatz geben. Den Einsatz in den Topf stellen und die Baozi zugedeckt in 15 – 20 Min. gar dämpfen. Herausnehmen und mit Soja- und Chilisauce servieren. Die übrigen Baozi wie beschrieben dämpfen.

SÜSSES HAPPY END

Topfen-, Grieß- und Zwetschgenknödel – wer kann da schon widerstehen?
Süßschnäbel bereiten solche Köstlickeiten gerne auch mal in doppelter Menge zu
und machen aus dem Nachtisch einfach ein Hauptgericht. Da fühlt man sich
glatt wie zu Besuch im Schlaraffenland.

ZWETSCHGENKNÖDEL

Sie kommen direkt aus dem Mehlspeisenhimmel, und es soll tatsächlich Leute geben,
die ein halbes Dutzend davon verdrücken können!

Für die Knödel:
800 g mehligkochende
Kartoffeln
Salz
je 60 – 80 g Mehl und
Speisestärke
1 Ei
8 – 10 Zwetschgen
8 – 10 Stück Würfelzucker
Für die Brösel:
120 g Butter
80 g Semmelbrösel
3 EL Zucker
Zimtpulver
Außerdem:
Mehl für die Arbeitsfläche

Spätsommersünde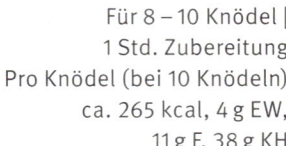

Für 8 – 10 Knödel |
1 Std. Zubereitung
Pro Knödel (bei 10 Knödeln)
ca. 265 kcal, 4 g EW,
11 g F, 38 g KH

1 Für die Knödel die Kartoffeln waschen und in Salzwasser in 20 – 25 Min. weich garen. Abgießen und auf der heißen Herdplatte ausdampfen lassen, bis sie ganz trocken sind. Die Kartoffeln pellen und durch die Kartoffelpresse in eine Schüssel drücken, etwas auflockern und lauwarm abkühlen lassen.

2 Mehl und Speisestärke mischen. Etwa zwei Drittel der Mehlmischung und 1 TL Salz locker unter die Kartoffeln mischen und den Teig dabei zwischen den Finger zerbröseln. Das Ei verquirlen, dazugeben und alles zuerst in der Schüssel, dann auf der Arbeitsfläche zu einem glatten Teig verkneten. Falls der Teig noch klebt, etwas mehr Mehlmischung dazugeben.

3 Die Zwetschgen waschen und gut trocken tupfen. Dann halbieren, aber nicht durchschneiden, und entsteinen. Je 1 Zuckerstück hineingeben und die Zwetschgen wieder zusammendrücken.

4 In einem weiten Topf reichlich Salzwasser zum Kochen bringen. Den Kartoffelteig zu einer dicken Rolle formen und in 8 – 10 Stücke (je nach Größe der Zwetschgen) schneiden. Die Stücke auf der mit Mehl bestäubten Handfläche flach drücken und je 1 Zwetschge darauflegen. Den Teig über den Zwetschgen gut zusammendrücken und rund formen. Die Knödel ins kochende Wasser geben, aufkochen lassen und halb zugedeckt in 15 – 20 Min. gar sieden (nicht kochen) lassen.

5 Inzwischen für die Brösel die Butter in einer großen Pfanne zerlassen, Semmelbrösel und Zucker darin goldbraun rösten und etwas Zimtpulver untermischen. Die Knödel mit dem Schaumlöffel herausheben, abtropfen lassen und in den Butterbröseln wälzen.

SÜSSE OFENFINGERNUDELN

750 g mehligkochende Kartoffeln | Salz |
250 – 300 g Mehl | 2 Eier | 1 Eigelb | frisch
geriebene Muskatnuss | 1 – 2 EL Butter |
200 g Sahne | 3 EL Zimtzucker | ¼ TL gemahle-
ner Kardamom

Zum Niederknien

Für 4 Personen | 1 Std. 15 Min. Zubereitung
Pro Portion ca. 650 kcal, 16 g EW, 27 g F, 85 g KH

1 Die Kartoffeln waschen und in wenig Salzwasser in 20 – 25 Min. weich garen. Abgießen und auf
der heißen Herdplatte ausdampfen lassen, bis sie
ganz trocken sind. Die Kartoffeln pellen und durch
die Kartoffelpresse in eine Schüssel drücken, auflockern und lauwarm abkühlen lassen.

2 Ca. 200 g Mehl und 1 TL Salz unter die Kartoffeln mischen, den Teig dabei zwischen den Fingern
zerbröseln. Eier und Eigelb verquirlen und mit etwas Muskatnuss unter den Teig kneten. Die Arbeitsfläche dick mit Mehl bestäuben und den Teig
darauf kurz durchkneten. Falls er noch klebt, etwas
mehr Mehl hinzufügen. Den Teig zu einer ca. 5 cm
dicken Rolle formen und diese in ca. 2 cm dicke
Scheiben schneiden. Daraus mit bemehlten Händen daumendicke, spitz zulaufende Röllchen
(Fingernudeln) von beliebiger Länge formen.

3 Den Backofen auf 180° vorheizen. Die Butter
in einer ofenfesten Form zerlassen und die Fingernudeln darin wenden. Dann im Ofen (Mitte) in
ca. 40 Min. goldbraun backen. Nach 20 Min. die
Sahne darübergießen. Zimtzucker und Kardamom
mischen und darüberstreuen. Zu den Ofenfinger-
nudeln passt Kompott (siehe S. 54) oder Rote-
Grütze-Sauce (siehe S. 64).

KARTÄUSERKLÖSSE

4 altbackene Milchbrötchen (à ca. 50 g) | ¼ l Milch | 2 EL Zucker | 1 Päckchen Bourbon-Vanillezucker | 1 Ei | ½ TL Zimtpulver | 80 g Butterschmalz

Wie bei Oma

Für 8 Klöße | 1 Std. Zubereitung
Pro Kloß ca. 220 kcal, 4 g EW, 14 g F, 18 g KH

1 Die Kruste der Brötchen abreiben, die Brösel beiseitestellen. Milch, Zucker und Vanillezucker in einem Topf erwärmen, vom Herd nehmen und das Ei unterrühren. Mischung in eine Schale gießen und die halbierten Brötchen darin auf jeder Seite 3 – 5 Min. einweichen, bis sie vollgesogen sind.

2 Die Brötchenbrösel mit dem Zimt auf einem Teller mischen. Brötchen aus der Milch nehmen, etwas abtropfen lassen und in den Bröseln wenden.

3 Das Butterschmalz in einer Pfanne zerlassen, die »Klöße« darin rundherum goldbraun braten. Herausheben, auf Küchenpapier abtropfen lassen und nach Belieben mit Weinschaumsauce (siehe Tipp) oder Vanillesauce (siehe S. 64) servieren.

TIPP

Meine Lieblings-Weinschaumsauce passt perfekt zu den Kartäuserklößen: Dafür 2 Eier, 2 Eigelb und 100 g Zucker mit den Quirlen des Handrührgeräts hellcremig aufschlagen. Dann 350 ml Weißwein und den Saft von 1 Zitrone aufkochen und unter Rühren zur Eiercreme gießen. 1 geh. TL Speisestärke darübersieben und unterschlagen. Die Creme unter Rühren aufkochen, anschließend durch ein Sieb gießen und abkühlen lassen.

ERDBEER-AMARETTINI-KNÖDEL

Ein Knödel macht noch keinen Frühling – außer er ist aus herrlich flaumigem Topfenteig und es gibt ein fruchtiges Rhabarberkompott dazu.

Für die Knödel:
60 g Amarettini
500 g Magerquark
110 g Toastbrot (ohne Rinde)
60 g weiche Butter
70 g Zucker
1 Päckchen Bourbon-
Vanillezucker
4 Eigelb
Salz
abgeriebene Schale von
½ Bio-Zitrone
8 Erdbeeren

Für das Kompott:
500 g Rhabarber
3 EL Erdbeersirup
100 g Zucker
1 TL Speisestärke
1 Spritzer Zitronensaft

Endlich Frühling! 🌱

Für 4 Personen |
50 Min. Zubereitung |
2 Std. Kühlen
Pro Person ca. 605 kcal,
24 g EW, 21 g F, 67 g KH

1 Für die Knödel die Amarettini in einen Gefrierbeutel geben und mit der Teigrolle fein zerdrücken oder im Mixer fein zerbröseln. Anschließend den Quark in ein Küchentuch geben und die Flüssigkeit ausdrücken. Den Quark (ca. 350 g) in eine Schüssel geben. Das Toastbrot zerpflücken und im Mixer fein zerbröseln.

2 Die Butter, Zucker und Vanillezucker mit den Quirlen des Handrührgeräts cremig rühren, die Eigelbe nacheinander unterrühren. ¼ TL Salz, Zitronenschale, Quark, Brot- und Amarettinibrösel unterrühren. Den Teig mindestens 2 Std. kühl stellen.

3 Inzwischen für das Kompott den Rhabarber putzen, schälen und in Stücke schneiden. Den Sirup mit 200 ml Wasser mischen. Rhabarber mit 150 ml Sirupmischung und dem Zucker zugedeckt in ca. 5 Min. weich köcheln lassen. Die Speisestärke mit der restlichen Sirupmischung glatt rühren, unter Rühren zum Rhabarber geben und aufkochen lassen. Das Kompott mit Zitronensaft abschmecken und abkühlen lassen.

4 In einem weiten Topf reichlich Salzwasser zum Kochen bringen. Die Erdbeeren waschen, putzen und trocken tupfen. Mit einem Esslöffel acht gleichmäßige Teigportionen abnehmen (dabei den Löffel immer wieder in heißes Wasser tauchen) und auf der nassen Handfläche flach drücken. In die Mitte jeweils 1 Erdbeere legen, den Teig darüber zusammendrücken und rund formen.

5 Die Knödel ins kochende Wasser geben und halb zugedeckt in 15 – 20 Min. gar sieden (nicht kochen) lassen. Mit dem Schaumlöffel herausheben, gut abtropfen lassen und mit dem Rhabarberkompott anrichten. Dazu passen Amarettini-Zimt-Brösel (siehe Umschlagklappe hinten).

[Handschriftliche Notizen:]

1/4 Topfen 1/2 Semel
10 dkg Amorettoni t
Vanillen kerne
1 EL Butter
1 Dotter, 1 Ei, Salz
3 EL Mehl   1 EL Zucker, Zitronen-
2 EL Brösel   schale
2 EL Gries

+ Zitronen schale
In Kokos 1/2 Brösel welzen, Schoko-
lade dazf auf Teller, Vanille

s. s. gut

MINI-GERMKNÖDEL MIT HEIDELBEEREN

Statt traditionell mit Pflaumenmus fülle ich die lockeren Hefeklöße zur Abwechslung gerne mal mit Heidelbeeren. Eine echte Entdeckung!

Für die Knödel:
250 g Mehl
3 EL Zucker
15 g frische Hefe
(ca. ⅓ Würfel)
120 ml Milch
3 EL weiche Butter
2 Eigelb
½ TL Salz
abgeriebene Schale von
½ Bio-Zitrone
8 TL Heidelbeerkonfitüre
(ca. 100 g)
Für die Mohnbutter:
100 g Butter
3 EL gemahlene Mohnsamen
3 EL Puderzucker
Außerdem:
Mehl für die Arbeitsfläche

Feiner Hüttenschmaus 🌿

Für 8 kleine Knödel |
50 Min. Zubereitung |
1 Std. 35 Min. Ruhen
Pro Knödel ca. 340 kcal,
6 g EW, 18 g F, 40 g KH

1 Für die Knödel das Mehl in eine Schüssel sieben und in die Mitte eine Mulde drücken. Zucker und zerbröckelte Hefe hineingeben und mit der Hälfte der Milch verrühren. Den Vorteig mit einem Küchentuch bedeckt an einem warmen Ort 15 Min. gehen lassen.

2 Die restliche Milch, die Butter in kleinen Stücken, die Eigelbe, Salz und Zitronenschale zum Teigansatz geben. Alles mit den Knethaken des Handrührgeräts ca. 5 Min. zu einem glänzenden Teig verkneten. Den Teig zugedeckt ca. 1 Std. gehen lassen, bis er sein Volumen verdoppelt hat (Bild 1).

3 Aus Backpapier 8 Quadrate (ca. 10 × 10 cm) schneiden. Den Teig auf der mit Mehl bestäubten Arbeitsfläche zu einer dicken Rolle formen und diese in 8 gleich große Stücke schneiden. Jede Portion zu einer Kugel rollen, in der Mitte eindrücken und 1 TL Konfitüre hineingeben (Bild 2). Den Teig darüber gut zusammendrücken. Die Knödel mit den Nahtstellen nach unten auf die Backpapiere setzen und mit einem Tuch bedeckt 20 Min. gehen lassen.

4 In einen weiten Topf 5 cm hoch Wasser füllen und zum Kochen bringen. Die Hälfte der Knödel mit Abstand – sie gehen stark auf – in einen Dämpfeinsatz legen (Bild 3). Den Einsatz in den Topf stellen und die Knödel zugedeckt in 12 – 15 Min. gar dämpfen.

5 Inzwischen für die Mohnbutter die Butter zerlassen und Mohn mit Puderzucker mischen. Die Germknödel mit dem Papier herausheben, auf vorgewärmte Teller gleiten lassen und mehrmals einstechen – so fallen sie nicht so schnell zusammen. Mit der Butter begießen, mit der Mohnmischung bestreuen und sofort servieren. Die restlichen Knödel wie beschrieben dämpfen.

ORANGEN-GRIESSKNÖDEL MIT KIRSCHEN

Spätestens wenn der Nougatkern auf der Zunge zergeht, müssen Sie zugeben:
Auch beim Dessert geht einfach nichts über einen guten Knödel!

Für die Knödel:
1 Bio-Orange
¼ l Milch
4 EL Butter | 4 EL Zucker
1 Päckchen Bourbon-
Vanillezucker
Salz
70 g Hartweizengrieß
1 Ei
ca. 40 g Nussnougat
Für die Kirschen:
1 Glas Schattenmorellen
(700 g Füllmenge)
80 g Zucker | ½ Zimtstange
2 zerdrückte Kardamomkapseln
5 Pimentkörner
1 geh. TL Speisestärke
2 EL Orangenlikör (z. B. Grand
Marnier, ersatzweise
Orangensaft)
Außerdem:
3 EL gemahlene Mohnsamen
3 EL Puderzucker

Die machen süchtig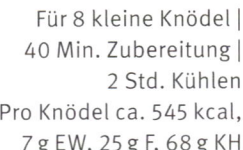

Für 8 kleine Knödel |
40 Min. Zubereitung |
2 Std. Kühlen
Pro Knödel ca. 545 kcal,
7 g EW, 25 g F, 68 g KH

1 Für die Knödel die Orange heiß waschen und trocken reiben, ein ca. 10 cm langes Stück Schale abschälen und beiseitelegen. Die restliche Orangenschale fein abreiben. Den Saft der Orange auspressen und für die Kirschen beiseitestellen.

2 Milch, Butter, Zucker, Vanillezucker, ¼ TL Salz und die abgeriebene Orangenschale aufkochen. Den Grieß unter Rühren mit dem Schneebesen einrieseln lassen. Dann unter Rühren mit dem Kochlöffel bei schwacher Hitze 2 – 3 Min. köcheln, bis sich der Grießbrei als Kloß vom Topfboden löst. In einer Schüssel kurz abkühlen lassen, das Ei unterrühren und die Masse 1 – 2 Std. kühl stellen.

3 Inzwischen für die Kirschen die Schattenmorellen in einem Sieb abtropfen lassen, dabei den Saft auffangen. Den Zucker in einem Topf karamellisieren. Orangensaft dazugeben und köcheln lassen, bis sich der Karamell gelöst hat. Orangenschalenstreifen, Gewürze sowie 200 ml Kirschsaft hinzufügen und 5 Min. köcheln lassen. Die Gewürze entfernen. Speisestärke mit dem Likör glatt rühren, unter Rühren dazugeben und aufkochen lassen. Kirschen hinzufügen, aufkochen und in einer Schüssel abkühlen lassen.

4 Den Nussnougat in 8 Würfel schneiden. In einem weiten Topf reichlich Salzwasser aufkochen. Mit einem in heißes Wasser getauchten Esslöffel 8 Teigportionen abnehmen und mit nassen Händen zu Knödeln rollen. In die Mitte jeweils 1 Nougatwürfel drücken, den Teig darüber verschließen und nachformen. Knödel in das kochende Wasser geben und halb zugedeckt in 15 – 20 Min. gar sieden (nicht kochen) lassen. Mohn und Puderzucker mischen. Die Grießknödel herausheben und abtropfen lassen, mit der Mohnmischung bestreuen und mit den Kirschen servieren.

REGISTER

Damit Sie Rezepte mit bestimmten Zutaten noch schneller finden, sind in diesem Register auch beliebte Zutaten wie **Käse** oder **Kräuter** alphabetisch eingeordnet und hervorgehoben. Darunter finden Sie das Rezept Ihrer Wahl. Vegetarische Rezepte, die im Buch mit einem 🍃 gekennzeichnet sind, sind hier grün abgesetzt.